Ulrich Schaffer   Was uns verbindet

Ulrich Schaffer

Was uns verbindet

Edition Schaffer im Kreuz Verlag

Was uns verbindet

Viele Menschen scheinen zu erleben, daß sie allein und verlassen sind. Es ist ihnen, als hätten sie keine Beziehungen zu anderen Menschen. Für sie ist es kein Thema, über das sie viel reden, sondern eher eine Wahrheit, die nicht erwähnt werden muß, weil sie jedem geläufig ist.

Unsere Beziehungslosigkeit ist eine Art Blindheit, aus der eine Lebenshaltung werden kann, in der wahr wird, was wir befürchten. Wir sehen die Beziehungen nicht, in denen wir stehen und die sich darüber hinaus noch anbieten. Und weil wir sie nicht sehen, erleben wir sie nicht oder nur sehr verschwommen und indirekt. Da liegt für uns ein Reichtum bereit, aber wir zapfen ihn nicht an.

Wie bei so vielen Dingen im Leben scheint es auch hier darum zu gehen, die Augen zu öffnen. Sehen wir erst, was um uns ist, dann sehen wir auch viel eher die Möglichkeiten, die noch da sind. Sehen wir nicht, was da ist, sind unsere Augen auch verschlossen für das, was noch werden kann. Jede Entdeckung zieht neue Entdeckungen nach sich. Erst der Mensch, der sehend geworden ist, wird vom Leben mit neuen Möglichkeiten beschenkt. Diese machen das Leben nicht immer leichter und einfacher, das nicht - aber sie machen es bunter, dichter und interessanter.

Eine Insel ist eine Insel,
und doch ist sie es nicht.
Sie wirkt nur so.
Denn sie schwimmt nicht im Wasser,
sondern ist nach unten
mit der Erde verbunden
und daher keine Insel.
Ihre Verbindung mit dem Festland
ist nur nicht sichtbar,
weil sie unterirdisch besteht.

Auch ist sie mit dem Festland
über die Luft verbunden.
Eine Luftbrücke.
Derselbe Sturm,
derselbe milde Wind,
der über das Festland streicht,
berührt auch die Insel
und kennt keine Trennung.

Unsichtbar ist vieles,
was uns verbindet.

Du bist einsam
und meinst, daß niemand dich versteht
und es keinen Sinn hat zu sprechen,
weil dein Schicksal einmalig ist.
Das ist es auch.

Ein Leben wie deines hat keiner zu leben.
Niemand fühlt deine Schmerzen wie du.
Und wenn du kämpfst,
dann so, wie nur du es tust.
Niemand wartet wie du.
Und keiner trägt so
die Sehnsucht in sich wie du.

Und doch bist du damit nicht allein,
weil deine Angst verwandt ist
mit der Angst vieler.
Und deine Sehnsucht mündet
in die Sehnsucht von Millionen.
Deine Schmerzen
sind ein Teil der Schmerzen,
die wie ein manchmal stiller
und manchmal lauter Schrei
die Welt umkreisen.

Wir alle werden geboren,
stehen erwartend vor dem Leben,
wachsen und reifen,
werden alt, nehmen ab
und gehen unweigerlich
auf unseren Tod zu.
Ich. Du.
Dein Vater. Meine Mutter.
Deine Freundin. Mein Freund.
Die Bettler und Millionäre.
Die Namenlosen und die Berühmten.
Niemand ist ausgenommen.
So gleich macht uns das Leben.
Und der Tod.
Das, wie nichts anderes,
macht uns zu Verwandten.
Im Herzen
tragen wir eine zarte Knospe,
während über unserem Kopf
unaufhörlich eine dunkle Krähe kreist,
die auf ihren Moment wartet.
Darin ähneln wir einander.
Du und ich.

Um den Mitmenschen zu finden,
mußt du ihn hineinfalten
in deine Heiligkeit,
als legtest du einen großen warmen Mantel um ihn.
So fällt Erlösung auf deinen Bruder
und auf deine Schwester,
und Licht breitet sich aus
über dem Land.

Du bist heilig
und lebst diese Heiligkeit,
indem du andere Menschen
auch so siehst.
Da öffnen sich die schwersten Türen,
und die Schlösser vor den Herzen
springen auf.
Auch das Schloß vor deinem,
weil du nicht mehr verurteilst, sondern verstehst.

Aufmerksamkeit entdeckt.
Im kargen Land
und im verkarsteten Herzen
gibt es Leben.

Menschen warten darauf,
entdeckt zu werden
von der suchenden Liebe eines anderen.
Sie wollen spüren, daß sie gemeint sind
in der Flüchtigkeit der Welt.

Wenn du genau hinsiehst,
rufst du ins Leben.
Wenn du genau hinhörst,
hörst du das Wesen des anderen.
Wenn du deine Haut aussetzt,
wächst du hinüber zu anderer Haut.

Mit den Sinnen baust du ein Haus
für die Menschen, die mit dir
deine Insel bewohnen können,
damit sie keine Insel mehr ist.

Könnten wir uns aller Theorien entledigen,
dieser fremden Beherrscher,
die wir einlassen und an die wir glauben,
als hinge unser Leben an ihnen,
könnten wir sie loslassen und einander begegnen
in der Alltäglichkeit unserer Sorgen,
in der Unsicherheit der Fragen,
die ihr Gewicht auf uns legen,
und in der Echtheit des Moments,
in dem wir zu dem stehen, was wir fühlen,
wir würden einander neu finden.

Ich würde dich entdecken, wie du bist,
und mich von dir sehen lassen, wie ich bin.
Wie Entdecker früher
würden wir auf Neuland stoßen
und überrascht sein von seiner Andersartigkeit.

Wir würden unsere Freundschaft feiern
und uns nicht mehr voneinander trennen lassen.

Wir sind eingebettet in eine Harmonie,
deren zarte Klänge wir nicht immer hören,
deren Tonfolgen wir manchmal nicht wahrnehmen.
Unendlich viele Menschen in ihrer Unterschiedlichkeit
tragen bei zu dem Klang des Lebens,
zu der Sinfonie, in der wir uns alle bewegen.

Und wenn du dich wie eine Insel fühlst,
und es vielleicht auch sein willst,
dann mag dieses Gefühl
dein Beitrag zur Harmonie sein.

Vielleicht bist du verantwortlich
für die Erhaltung des heiligen Raums,
in dem Zurückgezogenheit noch einen Wert bedeutet
und sich in Stille das vorbereiten kann,
was wichtig ist für die Welt.
So wie die Stille
Musik erst möglich macht,
so mag es sein, daß durch dich
das Leben nicht im Lärm untergeht.

Wie in einem Puzzle
die Teilchen sich ähneln
und doch nicht austauschbar sind,
so gehören wir zusammen,
eine jede und ein jeder
an einen ganz gewissen Ort
und in eine gewisse Zeit.

Manchmal scheint es,
als wenn Teile fehlten
und andere doppelt da seien,
aber am Ende sehen wir
die Ordnung und das Muster,
die das ganze Bild ergeben.
Und du und ich,
wir sind Teil des Bildes.

Zuviel geschieht manchmal
hinter unseren geschlossenen Augen.
Aus Angst vor der wirklichen Welt
schaffen wir uns eine künstliche
und leben in ihr,
auch wenn wir uns selbst damit betrügen.
Wir meinen uns die Wirklichkeit
mit ihrer Herbheit und ihrem Glück
nicht zumuten zu können
und schaffen uns ein blasses Abbild
dieser herrlichen Welt.
Wir machen das Bunte einfarbig,
und das ineinander Verschlungene
wird vordergründig.
Die Geheimnisse übersehen wir
und erklären sie zu Hirngespinsten.
Mechanisch und ohne Begeisterung
gehen wir den immer gleichen Weg,
ohne Risiko und Wagnis
und damit ohne wirkliches Erleben.
In unseren Wiederholungen
werden wir immer ärmer und leerer.

Unsere Bewegungen sind unbeseelt
wie die von Marionetten - wir wissen nicht,
wo die Fäden unseres Lebens zusammenlaufen.
So gehen wir verloren, uns selbst und einander.
Wir erklären das Unerklärbare
und glauben uns unsere Dummheiten.
So belügen wir uns selbst
und verraten die, die sprachlos
vor dem Wunder der Welt stehen.
Wir machen nur Worte ohne Herz und Seele,
wagen aber nicht, stumm zu werden
und nur zu staunen, wie wir es als Kinder vermochten.
Über das Geheimnis
sind wir miteinander verbunden.
Wir müssen wagen,
uns die Hände zu reichen,
gerade über Abgründe hinweg.
Dann hat es wieder Sinn, einander zu lieben,
mit der Stärke unserer Gefühle
und dem Glück und Unglück unserer Erfahrungen,
denn wir brauchen einander
auf unserem Weg in die Reife.

Der sichtbaren Welt
steht eine unsichtbare
und doch genauso wirkliche Welt gegenüber.
Wir können sie nicht erfassen
mit den üblichen Werkzeugen unseres Verstandes,
wir können sie nur selten sichtbar machen
und sie weniger bestimmen
als die faßbare Welt, aber sie ist da
und prägt und formt uns.
Auch sie ist unsere Heimat.
Wir alle entstammen ihr.
In ihr sind wir Schwestern und Brüder.
Wir tragen sie in uns,
in unserer Sehnsucht
nach Heilheit und Gesundung.
Wenn wir sie ernst nehmen,
kehren wir zurück zu unseren Wurzeln,
zu den Wesenszügen der großen Familie,
und überwinden so das Trennende.

Wenn du begreifst,
daß du der andere Mensch bist,
und wenn ich begreife, daß der andere ich ist,
wie würde die Welt sich verändern!

Wenn wir erkennen könnten,
daß oft nur Kleinigkeiten
darüber entscheiden,
wie wir aussehen, was wir glauben,
wie wir lieben, welche Sprache wir sprechen,
wir würden nicht mehr so richten.
Da, in dem Mann drüben und in der Frau
dort an der Ecke, steckte einer von uns,
wenn die Umstände etwas anders wären.

Wenn wir aufhören könnten, den Abstand zu denken,
und uns nicht gegenseitig aus unseren Herzen verbannten,
wenn wir Einblicke erlaubten in unsere Seelen
und unsere Menschlichkeit nicht verstecken würden,
wenn wir einfach das wären, was wir sind,
wir könnten uns lieben lernen.

Mit unserem Wesen müssen wir dies spüren
und diese Erkenntnis leben,
dann könnte sich etwas verändern.

Wenn wir unsere eigene Armut erkennen,
wenn wir begreifen,
wie anfällig wir sind für Versuchungen,
wenn wir spüren, wie leicht auch wir
käuflich sein könnten,
wenn wir erleben,
daß auch unsere gutgemeinten Pläne
an uns selbst scheitern,
wenn die Angst überall Riegel vorsetzt
und wir an das Ende unserer Kraft gelangen,
wenn wir merken, daß wir mutlos sind
und uns selbst nicht mehr anfeuern können,
gerade dann könnte es ein Erwachen geben.

Wenn wir diese Erfahrungen bewußt machen
und sie nicht vertuschen, sondern anschauen,
entdecken wir darin unsere Menschlichkeit,
die uns für andere nahbarer macht.
Wenn wir unsere Grenzen anerkennen,
werden wir die Grenzen anderer verstehen
und sie dafür nicht verdammen.

Gerade in unserer Unzulänglichkeit
werden wir Wege zueinander finden.

Wartet nicht jemand auf dich,
auf dein Wort,
auf einen Brief von dir,
auf dein Aufmerken und Ernstnehmen?
Vielleicht eine Insel,
wie du eine bist.

Im Warten entsteht Einsamkeit,
und schon umkreist dich wieder das Wasser,
das breiter wird und über dem Nebel aufsteigt,
der alles umliegende Land auslöscht.

Da ist sie, die wartende Insel,
die bald nicht mehr glaubt,
daß es Land außer ihr gibt.
Erhörst du ihr Warten?
Dabei könnte dein Wunsch erfüllt werden.

Vielleicht ist das eine der größten Illusionen,
die uns seit langem beherrschen:
der Glaube, daß ein jeder von uns allein ist.

Wir nehmen Erlebnisse des Alleinseins,
Enttäuschungen, Verluste, Trennungen
so ernst, daß sie unsere Sicht bestimmen.
Sie wachsen in unseren Herzen
zu unüberwindbaren Bergen,
auf denen wir ausgesetzt sind,
Fremde in einem fremden Land.
Wir behaupten, nur noch so erleben zu können,
und glauben es uns.

Aber das ist nicht die ganze Wahrheit.
Es vergeht kaum ein Tag,
an dem wir nicht berühren und berührt werden,
von Mensch zu Mensch, von Insel zu Insel.
Wir erleben das Auge in Auge,
die Wärme der Hand, die heilende Aufmerksamkeit.
Auch das ist wirklich und erleuchtet uns.

Wir werden erleben, was wir glauben.

Neben uns allen stehen Menschen,
die unsere ausgestreckte Hand brauchen,
unsere bewußte Wahrnehmung.

Gleichzeitig ist nichts wichtiger
für diese Menschen,
als ihren Weg ohne uns zu finden,
selbst ihr Schicksal in die Hand zu nehmen
und die Gestalt ihres Lebens
aus ihrem Durcheinander zu entwickeln.

Beides ist wahr, und weder das eine
noch das andere darf vergessen werden.

Auch du bist einer, der neben jemandem steht,
und gleichzeitig steht jemand neben dir.
Du bist der oder die mit der ausgestreckten Hand,
und gleichzeitig streckt jemand dir die Hand entgegen.

Es gibt keinen Heiler,
der nicht selbst der Heilung bedarf.
Und jede, die geheilt wird, heilt auch dabei.

Leben wirkt immer durch eine Rundumberührung
aller dreihundertsechzig Grade des Kreises.

Könnten wir uns doch
Fühler wachsen lassen,
die sich ausstrecken
nach dem Unfaßbaren!

Aber wir haben sie doch schon!
Spürst du nicht deine Suche
nach erfülltem Leben,
nach der Wahrheit, die im Erleben
und nicht in Theorien steckt?

Nimm ernst, was sich in dir rührt.
Du bist auf das Unfaßbare bezogen
und begreifst es
im Ablauf deines Lebens.
Es muß nicht erklärt,
sondern gelebt werden.

Je ernsthafter wir in uns gehen,
desto mehr finden wir zueinander.
Der Weg zum anderen führt
über die seltsame Brücke
der eigenen inneren Welt.
Der Mensch, der sich selbst kennt,
findet um sich Brüder und Schwestern,
und wer sich nicht kennt,
wird um sich nur Fremde sehen.

Was uns von anderen trennt,
ist die Trennung von uns selbst.

Jede Begegnung ist eine Chance.
Die Möglichkeiten und Anstöße,
uns voneinander zu trennen,
sind endlos.
Aber ebenso groß
sind die Herausforderungen,
einander zu entdecken
und vielleicht sogar zu lieben.
Es beginnt immer bei dir
und bei mir.

Zum Beginnen
gibt es keinen besseren Ort
auf der Welt
als den des eigenen Herzens.

Zu den Fotos

Umschlag: Brittlebush (Encelia farinosa) in der Gegend von Volcan las Tres Virgenes, einem Lavagebiet in Baja California Sur, Mexico. Besonders gefiel mir das intensive Leben gegen den kahlen Berg. Vorsatzpapier: Espen in Herbstfarben, in der Nähe von Aspen Grove, Utah, USA.

7 Wind über Goose Island, eine kleine Insel im St. Mary Lake, Glacier National Park, Montana, USA.

9 Western Juniper (Juniperus occidentalis - gehört zur Zypressen-Familie), im Schnee auf 3000 m Höhe, Carson Paß, California, USA.

11 Arbutus Baum (Arbutus menziesii), auf Hornby Island, British Columbia, Kanada. Die Rinde des Baumes sieht immer so aus, als schäle sie sich, es ist ein natürlicher Vorgang. Die Amerikaner nennen den Baum "madrone". Er behält seine Blätter das ganze Jahr über.

13 Sonnenuntergang mit Brittlebush (Encelia farinosa), in der Vizcaiño Wüste, Baja California Sur, Mexico. Durch viel Regen zu den richtigen Zeiten explodierten die Farben der Wüste im Februar 1995 besonders. Brittlebush ist ein Busch mit kleineren, sonnenblumenartigen Blumen.

15 Brittlebush auf Vulkangestein in der Pinacate Wüste, Baja California, Mexico.

17 Waterton Lake, Waterton Lakes National Park, Alberta, Kanada.

19 Kleine Insel im Lake Tahoe, California, USA.

21 Brittlebush in voller Blüte, in der Gegend von Volcan las Tres Virgenes, Baja California Sur, Mexico.

24/25 Sandsteinformationen auf dem Colorado Plateau, Arizona, USA. Beeindruckend sind die manchmal bis zu einem Meter breiten

Linien aus weißem Gestein, die über lange Strecken durch die Landschaft laufen.

27 Mono Lake im Vordergrund und die östlichen Sierra bei Sonnenuntergang, im März, in der Nähe von Lee Vining, California, USA.

29 Espen mit Herbstlaub, im Cariboo Gebiet von British Columbia, Kanada.

31 Abgestorbener Busch auf dem Colorado Plateau, Arizona, USA. Bei schräg stehender Sonne wirkt dies Gestein manchmal, als sei es von innen erleuchtet.

33 Sonnenuntergang über dem Howe Sound, einem Fjord nördlich von Vancouver, British Columbia, Kanada. Diese Stelle habe ich schon oft besucht und genieße dort immer wieder die Abendstimmung.

35 Eiche im Gegenlicht, irgendwo in Deutschland.

37 Abendstimmung über Vancouver, im Hintergrund die Lions Gate-Brücke. Das Bild ist vom Balkon unseres Hauses aus gemacht.

39 Sandstein auf dem Colorado Plateau, Arizona, USA. Diese Formation stammt aus dem "geheimen Tal", das ich in dem Buch "Geheimnisvolle Zusammenhänge" ausgiebiger vorgestellt habe.

41 Sand Verbena (Abronia villosa) vor Sonnenaufgang. Dies ist eine Blume, die fast teppichartig in der Wüste blüht, wenn es zur rechten Zeit geregnet hat. In Baja California, Mexico.

42/43 Besonderes Licht in der Saw Tooth Range, einem Gebirge in Idaho, USA. Das Licht in den Wolken erinnerte mich an Noldes aquarellierte Himmel.

45 Ahorn in Herbstfarben, mit dem Mt. Timpanogos Massiv (3.660 m hoch) im Hintergrund, Utah, USA.

Einen Sinn finden

Unsere Zeit ist gekennzeichnet durch eine Konzentration auf das Negative. Die Medien überschlagen sich, uns das Kaputte und Entleerte zu präsentieren. Bei vielen herrscht eine Hoffnungslosigkeit, die bis in die kleinsten Regungen reicht. Vieles ist angefressen von einer Skepsis, die nichts mehr ernst nimmt und unsere Fähigkeit, zu vertrauen, nur belächelt. Viele scheinen keine Werte zu haben, für die es sich zu leben lohnt. Die Institutionen, in denen wir uns entfaltet haben, sind durch viele Enttäuschungen unglaubwürdig geworden. Ein aggressiver und oft brutaler Ton hat sich unter uns breitgemacht.

Aber so können wir nicht leben, nicht auf Dauer. So höhlen wir uns selbst aus. Viele suchen Zuwendung, erfüllte Werte, spirituelle Zusammenhänge, um leben zu können. Diese Suche möchte ich mit dieser Buchserie unterstützen. In Texten und Bildern und in der ganzen Aufmachung will ich versuchen, Mut zu machen, einen Sinn zu finden, Werte zu setzen, sich zu öffnen für die vielen Wunder, die es in uns und um uns gibt. So wie es große Wut und Zerstörung gibt, so gibt es auch Liebe und Sanftmut. Für jeden Mörder, von dem wir hören, gibt es hundert oder gar tausend Menschen, die in ihrer Liebe, Opferbereitschaft und Zartheit über sich selbst hinauswachsen und Leben schaffen. Auch das ist eine Wirklichkeit dieser Welt, die wir aktiv verstärken können.

Weitere Bände dieser Reihe

Du bist einzigartig

Fast überall auf dem Planeten gibt es uns Menschen. Wir werden abgezählt, Gruppen zugeordnet, hochgerechnet. Dabei ist jeder von uns einzigartig. Wie finden wir zu uns selbst und zueinander?

Erinnere dich an deine Kraft

Wir alle haben „Zeiten der Kraft“ erlebt, Momente, in denen wir über uns selbst hinausgewachsen sind und einen Weg gefunden haben. Wie können wir uns an die Quellen der Kraft erinnern?

Was uns verbindet

Viele Menschen fühlen sich allein und verlassen. Oft sehen wir aber die Beziehungen, in denen wir stehen und die sich darüber hinaus anbieten, einfach nicht. Wie können wir sie erleben und den Reichtum, den sie bieten, erschließen?

Wege in die Weite

Das Leben lädt uns ein in die Weite. Es gibt eine fast unendliche Zahl von Wegen, die wir gehen können. Wie finden wir Zugang zu der Wahrheit, die hinter der faßbaren, vordergründigen Wirklichkeit liegt?

Ulrich Schaffer

Ich wurde 1942 in Pommern geboren. Nach dem Krieg wohnte unsere Familie bei Bremen, bis wir 1945 nach Kanada auswanderten. Wir wohnten zuerst in der Prärie Albertas und zogen 1955 in den Norden von British Columbia. Dort ging ich zur Oberschule, in einem Ort, umgeben von Wildnis. Dieses Erlebnis von ursprünglicher Landschaft wurde zu einem wichtigen Bestandteil meines Lebens. Immer wieder zieht es mich zurück in Landschaft, die menschenarm ist.

Von 1961 bis 1970 studierte ich deutsche und englische Literatur und arbeitete anschließend als Dozent an einem College bei Vancouver. Seit 1981 bin ich freier Schriftsteller und Fotograf. Mich reizt es immer wieder, Wort und Bild zusammenzubringen. Schreiben und Fotografieren ist für mich eine Orientierungshilfe. Ich schreibe über das, was mir wichtig ist und was ich selbst lernen will. Ich schreibe darum nicht aus einer Abgeklärtheit, sondern als ein Beteiligter, als jemand, der seinen Weg sucht und sich auf diesem Weg mit anderen verbunden fühlt. Seit 1965 bin ich mit Waltraud verheiratet. Wir haben zwei erwachsene Töchter, Kira und Zilya. Vieles in meinem Leben entsteht auf dem Hintergrund dieser und anderer Beziehungen.

Die Deutsche Bibliothek - CIP-Einheitsaufnahme

Schaffer, Ulrich:
Was uns verbindet / Ulrich Schaffer. - Stuttgart: Ed. Schaffer
im Kreuz-Verl., 1996
ISBN 3-7831-1468-3

1 2 3 4 5 99 98 97 96

Postfach 80 06 69, 70506 Stuttgart, Tel.: 0711 / 78 80 30
Texte, Fotos und Gestaltung: Ulrich Schaffer
Aquarellierte Initiale
und graphische Beratung: Friedrich Peter
Umschlag: Friedrich Peter und Ulrich Schaffer
Layout: Ulrich Schaffer, unter Verwendung
des Software-Programms QuarkXPress
Autorenfoto: Jack Dykinga
Schrift: Galliard
Reproduktionen: GRS, Ludwigsburg
Merkur-Druck Mayer, Ostfildern
ISBN 3-7831-1468-3